Gagnez un Revenu Passif Grâce aux Produits Numériques Générés par l'IA

Vendez des eBooks, des cours, des modèles et bien plus encore en utilisant des outils d'IA gratuits ou à faible coût

Par Joe Correa

Publié par **Live Stronger Faster**

Ce livre est fourni à des fins éducatives et informatives uniquement. L'auteur et l'éditeur ne fournissent pas de conseils juridiques, financiers ou autres conseils professionnels. Les lecteurs devraient consulter un professionnel qualifié avant de prendre toute décision financière.

Première édition

Table des matières

Introduction

L'idée du revenu passif semblait autrefois être un rêve — quelque chose réservé aux personnes riches, chanceuses ou hautement qualifiées. Mais grâce à l'intelligence artificielle, la barrière à l'entrée a été détruite.

L'IA a transformé la façon dont nous créons, commercialisons et vendons des produits numériques. Avec des outils capables d'écrire des ebooks, de concevoir des modèles, de générer des vidéos et même de créer des cours pour vous, toute personne disposant d'un ordinateur portable ou d'un téléphone peut désormais générer des revenus presque automatiquement.

Dans ce livre, vous apprendrez exactement comment le faire — même si vous n'avez jamais gagné un seul dollar en ligne auparavant.

Ce livre ne parle pas d'enrichissement rapide ni de « hacks » miraculeux. Il s'agit de construire des sources de revenus durables à long terme avec un investissement initial minimal. Nous allons voir étape par étape comment :

Trouver des idées de produits très demandés en utilisant l'IA
Utiliser des outils d'IA gratuits ou peu coûteux pour créer des ebooks, des cours et des modèles
Construire une boutique simple ou un tunnel de vente

Automatiser vos systèmes de vente et de livraison
Générer du trafic grâce au contenu et au marketing alimentés par l'IA
Réinvestir les profits pour augmenter vos revenus
Éviter les erreurs courantes et l'épuisement

Vous n'avez pas besoin d'être un expert en technologie ni un spécialiste du contenu. Si vous pouvez suivre des étapes simples et rester constant, ce livre vous aidera à lancer des produits numériques capables de générer de l'argent pendant que vous dormez.

Nous inclurons également des exemples concrets, des outils pour débutants et des liens vers des plateformes d'IA que vous pouvez utiliser dès aujourd'hui.

À la fin de ce livre, vous disposerez d'une feuille de route claire pour transformer l'IA en votre partenaire commercial le plus puissant — sans programmation, sans configurations complexes et sans avoir besoin d'apparaître devant la caméra.

Commençons votre parcours vers la création de revenus passifs grâce aux produits numériques générés par l'IA.

Chapitre 1 : Choisir le bon produit numérique à vendre avec l'IA

Lorsque vous commencez votre parcours vers la création de revenus passifs grâce à l'IA, la première étape – et la plus importante – consiste à choisir le bon type de produit numérique. Ce choix déterminera la facilité de création, le niveau de demande du marché, la capacité d'évolution du produit et, en fin de compte, le revenu qu'il pourra générer au fil du temps.

1. Comprendre les quatre grandes catégories de produits numériques

Bien qu'il existe des centaines d'options, la plupart des produits numériques qui réussissent appartiennent à l'une des catégories suivantes.

A. Les eBooks

Les outils d'écriture basés sur l'IA peuvent générer des livres entiers en quelques heures. Ils sont particulièrement adaptés à :

Éducation spécialisée (par exemple : « Comment créer une entreprise de réparation de crédit »)
Santé et fitness (par exemple : « Wall Pilates pour seniors »)

Apprentissage de compétences (par exemple : « Maîtriser les prompts ChatGPT »)

Avantages :

Rapides à créer
Peuvent être réutilisés en livres audio ou regroupés en packs
Vendables sur Amazon KDP, Gumroad ou votre propre site web

B. Les cours en ligne

Grâce à des outils d'IA comme ChatGPT, InVideo et Pictory, vous pouvez créer un cours en ligne complet en quelques jours.

Avantages :

Grande valeur perçue, donc prix plus élevé
Les étudiants paient souvent entre 20 $ et plus de 200 $ par cours
Des plateformes comme Udemy et Teachable gèrent le trafic et la distribution

C. Les modèles et kits d'outils

Cela inclut les modèles Notion, les designs Canva, les feuilles de budget, les modèles de CV, etc.

Avantages :

Faciles à créer avec l'IA et des outils de design
Livraison instantanée
Réutilisables et évolutifs grâce aux mises à jour

D. Les services numériques et produits imprimables

Calendriers, journaux, agendas numériques, livres de coloriage, planificateurs de réseaux sociaux, etc. Les outils d'IA peuvent générer automatiquement le contenu et les designs.

Avantages :

Parfaits pour Etsy, Creative Market et Gumroad
Idéaux pour des achats répétitifs et passifs

2. Associer le produit à vos compétences ou à vos centres d'intérêt

Si vous aimez écrire, privilégiez les eBooks. Si vous aimez parler ou enseigner, commencez par un cours. Si vous aimez le design ou l'organisation, créez des modèles. Si vous n'êtes pas sûr, laissez l'IA vous aider à choisir.

Exemple de prompt :

« ChatGPT, selon les tendances actuelles, quels sont 10 produits numériques rentables que je peux vendre en utilisant des outils d'IA ? »

Pensez également à votre emploi du temps. Les eBooks et les modèles sont plus faciles à créer pour les créateurs à temps partiel. Les cours nécessitent plus de planification et de structure, mais offrent souvent des profits plus élevés.

3. Valider la demande avec l'IA et des outils gratuits

Avant de créer votre produit, vérifiez que des personnes achètent réellement ce que vous envisagez de vendre.

Vous pouvez utiliser :

ChatGPT pour générer des idées de mots-clés
Google Trends pour analyser la demande au fil du temps
Ubersuggest ou Keywords Everywhere pour estimer le volume de recherche
Udemy, Amazon et Etsy pour analyser la concurrence et les prix

Exemple de prompt :

« Quels sont les sujets d'eBooks tendance dans la niche des finances personnelles pour 2025 ? »

Combinez ces données pour valider votre idée de produit. Une idée validée peut vous faire économiser des semaines de travail inutile et multiplier votre potentiel de revenus.

4. Combiner plusieurs produits pour créer des revenus passifs

Les entrepreneurs numériques les plus performants ne se limitent pas à un seul format — ils les combinent.

Par exemple :

Transformer votre eBook en cours
Ajouter des fiches de travail ou des modèles
Proposer un pack complet à un prix plus élevé

Cette stratégie crée plusieurs sources de revenus à partir d'un seul sujet et d'un seul parcours client — le tout construit grâce à l'IA.

5. Choisir la bonne plateforme de vente

Une fois que vous avez choisi votre type de produit, associez-le à la bonne plateforme.

Type de produit — Plateformes recommandées

eBooks — Amazon KDP, Gumroad, Payhip
Cours — Udemy, Teachable, Thinkific
Modèles — Etsy, Gumroad, Creative Market
Produits imprimables — Etsy, Notion Market, Ko-fi

Vous pouvez également créer un simple tunnel de vente avec Carrd, Systeme.io ou ConvertKit afin de conserver 100 % de vos profits.

D'enseignant au lycée à créateur de produits numériques rentables

Carlos était professeur de lycée. Il travaillait de longues heures tout en gagnant à peine assez pour soutenir sa famille. Il rêvait de générer un revenu supplémentaire en ligne, mais chaque tentative semblait compliquée. La programmation, les logiciels complexes et les outils coûteux n'étaient pas une option pour lui.

Un soir, en parcourant YouTube, il est tombé sur une vidéo intitulée « Comment utiliser l'IA pour vendre des produits numériques ». Intrigué, il regarda le créateur utiliser ChatGPT pour créer le plan complet d'un eBook en cinq minutes. Carlos ressentit une étincelle.

« Je pourrais faire ça », pensa-t-il.

Le lendemain, il créa un compte gratuit sur ChatGPT et écrivit :

« Donne-moi 10 idées de produits numériques que je peux vendre en ligne en utilisant des outils d'IA gratuits. »

La liste le surprit : eBooks, modèles, agendas numériques, cours vidéo, trackers Notion et bien plus encore.

Carlos se rappela que d'autres enseignants lui demandaient souvent des plans de cours et des ressources imprimables. C'était sa niche. Il demanda alors à ChatGPT :

« Quels produits numériques pourrais-je créer pour les enseignants du lycée en utilisant l'IA ? »

L'IA lui proposa des idées comme :

Modèles de gestion de classe
Lots d'e-mails pour la communication parents-enseignants
Un eBook « Kit de survie pour la rentrée scolaire »
Des générateurs de plans de cours

Carlos choisit une idée : « Modèles de gestion de classe ».

Il ouvrit Canva et utilisa des modèles de design assistés par l'IA pour créer rapidement des ressources professionnelles. Pour le contenu, il laissa ChatGPT rédiger les descriptions et les guides d'utilisation. Il regroupa tout dans un PDF, le téléversa sur Gumroad et fixa le prix à 9 dollars.

Il partagea son produit dans quelques groupes Facebook d'enseignants et obtint trois ventes dès le premier jour. Les 27 dollars n'étaient pas énormes — mais cela prouvait que le système fonctionnait.

Encouragé, il développa son produit en un pack complet appelé Classroom Toolkit, avec des planificateurs, des checklists et des scripts d'e-mail pour les parents. Il transforma même le contenu en mini-cours en utilisant l'outil texte-vers-vidéo d'InVideo.

À la fin du mois, Carlos avait gagné plus de 700 dollars — non pas grâce à des missions freelance ou des petits boulots chronophages, mais grâce à des produits numériques générés par l'IA qui continuaient à se vendre même lorsqu'il était au travail.

Et tout a commencé par une simple question : « **Quel produit numérique puis-je créer en utilisant ce que je sais déjà — avec un peu d'aide de l'IA ?** »

Chapitre 2 : Utiliser l'IA pour créer des eBooks de haute qualité en moins de 48 heures

Créer des eBooks était autrefois un processus long et intimidant. Il fallait être un excellent écrivain, passer des semaines à structurer et à éditer, puis se soucier de la mise en forme et de la publication. Aujourd'hui, grâce aux outils d'écriture basés sur l'IA comme ChatGPT, Claude et Gemini, n'importe qui peut créer des eBooks professionnels et de haute qualité en quelques heures — même si vous n'avez jamais écrit une seule page auparavant. Ce chapitre vous guidera à travers chaque étape, depuis le choix de votre sujet jusqu'à la publication de votre eBook sur des plateformes qui atteignent des millions de lecteurs.

La première étape consiste à sélectionner un sujet qui est à la fois demandé et facile à développer avec l'aide de l'IA. Vous n'avez pas besoin d'être un expert dans le domaine — l'IA vous aidera pour la recherche et la structure — mais vous devriez choisir un thème ayant un potentiel commercial. Utilisez des plateformes comme Amazon, Etsy et Google Trends pour rechercher des sujets très demandés. Ensuite, utilisez ChatGPT pour affiner vos idées en demandant : « Quels sont les sujets d'eBooks tendance dans [votre niche] pour lesquels les gens sont prêts à payer ? » Une fois le sujet choisi, utilisez à nouveau ChatGPT pour générer une table des matières détaillée. Cela servira de plan directeur et permettra de garder le contenu structuré. Par exemple, un livre intitulé « Comment construire un crédit d'entreprise » pourrait inclure des chapitres comme « Comprendre les bases du crédit d'entreprise », « Mettre en place correctement votre entreprise » et « Construire du crédit sans garantie personnelle ».

Une fois votre plan prêt, le processus d'écriture devient simple. Demandez à ChatGPT de rédiger une section à la fois. Au lieu de demander un chapitre complet, divisez-le : « Rédige une section de 500 mots expliquant pourquoi le crédit d'entreprise est important pour la croissance des petites entreprises ». Ensuite, relisez le texte et effectuez de légères modifications pour ajouter votre voix personnelle ou améliorer la fluidité. Vous pouvez répéter ce processus pour chaque section, construisant progressivement votre eBook complet sans vous épuiser. Assurez-vous d'utiliser des instructions précises incluant le ton et le public cible. Par exemple : « Écris dans un ton conversationnel pour des entrepreneurs débutants » permet de garder le contenu accessible et agréable à lire. Si vous souhaitez un style plus professionnel ou plus motivant, il suffit de modifier le ton dans votre instruction.

Vient ensuite la mise en forme. Une fois votre contenu terminé, copiez-le dans un outil comme Google Docs ou Canva Docs. Utilisez des titres, des listes à puces et du texte en gras pour améliorer la lisibilité. Ajoutez également une introduction et une conclusion à l'aide de l'IA. ChatGPT peut les générer avec une instruction comme : « Rédige une introduction convaincante pour un eBook sur [votre sujet] ». Pour le design, Canva propose des modèles d'eBooks gratuits et entièrement personnalisables. Vous pouvez y insérer votre texte, ajouter des images générées par l'IA à partir d'outils comme DALL·E ou l'IA d'images de Canva, et créer une couverture avec votre nom et votre titre. Votre eBook doit être exporté sous forme de PDF propre et lisible aussi bien sur mobile que sur ordinateur.

Une fois votre eBook terminé, il est temps de le publier et de le vendre. Il existe trois options principales : Amazon KDP, Gumroad et votre propre site web. Amazon KDP vous permet d'accéder à des millions de clients potentiels et convient parfaitement aux sujets grand public. Gumroad est idéal pour les guides spécialisés ou professionnels et vous donne un contrôle total sur les prix et la livraison. Si vous souhaitez un contrôle maximal et des profits plus élevés, vous pouvez vendre via votre propre page de vente en utilisant des outils comme Systeme.io ou Payhip, puis générer du trafic grâce au contenu et au marketing automatisés par l'IA. Vous pouvez également transformer votre eBook en livre audio ou le regrouper avec des modèles et des checklists afin d'augmenter sa valeur.

L'un des grands avantages de ce modèle est que votre eBook n'a pas besoin d'être très long. Un guide de haute qualité de 5 000 à 10 000 mots peut très bien se vendre s'il résout un problème précis. La clé consiste à offrir une valeur claire dans un format ciblé. Et puisque le contenu est assisté par l'IA, vous pouvez créer plusieurs eBooks dans différentes niches au fil du temps, constituant ainsi un portefeuille de produits qui génèrent des revenus même pendant que vous dormez. De nombreux entrepreneurs numériques créent des flux de revenus complets en réutilisant le contenu de leurs eBooks pour des vidéos YouTube, des cours ou des blogs — toujours avec l'aide de l'IA.

La dernière étape est la promotion de votre eBook. Là encore, l'IA peut vous aider. Vous pouvez demander à ChatGPT de rédiger des publications pour les réseaux sociaux, des articles de blog et des séquences d'e-mails pour promouvoir votre livre. Des outils comme Opus Clip ou Pictory peuvent créer de courtes vidéos promotionnelles à partir du contenu de votre eBook. Planifiez vos publications à l'aide de plateformes comme Metricool ou Buffer et suivez les performances. Si vous souhaitez réellement passer à l'échelle supérieure, vous pouvez lancer des publicités Facebook ou Instagram et utiliser du contenu généré par l'IA pour diriger les visiteurs vers votre page de vente.

Créer un eBook ne nécessite plus des mois de travail. Avec les bonnes instructions, les bons outils et une structure claire, vous pouvez passer de l'idée au statut d'auteur publié en moins de 48 heures. Concentrez-vous sur des sujets spécifiques à forte valeur. Utilisez ChatGPT pour écrire rapidement et clairement. Concevez votre eBook avec Canva. Vendez-le sur Amazon ou Gumroad. Puis faites-en la promotion avec du marketing généré par l'IA. C'est la formule — et elle fonctionne. Il suffit d'un seul bon eBook pour commencer à construire un empire numérique.

Comment Michelle a utilisé l'IA pour créer un revenu passif

Michelle avait toujours rêvé de devenir auteure. Mais entre son emploi à temps plein, ses deux enfants et un budget serré, écrire un livre semblait impossible. Elle avait des dizaines d'idées enregistrées dans l'application de notes de son téléphone — des sujets comme le bien-être pour les mamans, la planification de repas végétariens simples et la manière dont elle avait reconstruit son crédit après un divorce. Pourtant, l'idée d'écrire cent pages seule était écrasante.

Un soir, après avoir vu une vidéo sur la façon de gagner de l'argent avec l'IA, elle ouvrit ChatGPT et écrivit :

« Peux-tu m'aider à écrire un eBook ? »

La réponse fut immédiate : « Bien sûr. Sur quel sujet souhaitez-vous écrire ? »

Elle sourit. « Essayons : Bien-être pour les mamans qui travaillent à domicile. »

ChatGPT posa ensuite plusieurs questions : Quel ton utiliser ? Qui est le public cible ? Le livre doit-il être pratique ou émotionnel ? Elle répondit à chaque question et fut impressionnée par la simplicité du processus — comme si elle faisait un brainstorming avec un assistant personnel.

En vingt minutes, elle avait un plan complet : dix chapitres, chacun avec deux ou trois idées clés. Elle copia le premier titre : « Comment fixer des limites avec les enfants tout en travaillant à distance » et écrivit :

« Rédige un chapitre de 500 mots sur ce sujet dans un ton calme et encourageant. »

Quelques secondes plus tard, un brouillon complet apparut. Ce n'était pas parfait, mais c'était vraiment bon. Elle modifia quelques phrases pour ajouter ses propres expériences, et le résultat semblait authentique. Ce soir-là, elle écrivit trois chapitres. Le lendemain, elle en avait sept. Le deuxième jour, son eBook était terminé.

Michelle passa ensuite sur Canva, choisit un modèle moderne d'eBook et colla ses chapitres. Elle utilisa des images générées par l'IA représentant des espaces de travail calmes et ajouta la photo d'une tasse de thé avec une maman souriante en arrière-plan. Elle créa une couverture rose et verte avec le titre : « Productivité Paisible : Un Guide de Bien-être pour les Mamans qui Travaillent à Domicile ».

Une fois la mise en forme terminée, elle exporta le fichier en PDF et le téléversa sur Gumroad. Elle fixa le prix à 9 dollars et partagea le lien dans un groupe Facebook de mamans entrepreneures. Ce soir-là, elle réalisa quatre ventes.

Elle n'en revenait pas.

Le lendemain, elle demanda à ChatGPT d'écrire une publication :

« Vous vous sentez épuisée en travaillant à la maison tout en élevant des enfants ? Mon nouvel eBook est là pour vous aider. Seulement 9 dollars et rempli de conseils pratiques d'une maman comme vous. »

Elle publia le message sur Instagram et reçut 23 mentions « j'aime ». Ce n'était pas énorme — mais trois ventes supplémentaires suivirent. Puis une idée lui vint. Et si elle transformait cela en véritable marque ?

À la fin de la semaine, Michelle lança un deuxième eBook intitulé « Planification des repas pour mamans occupées ». Elle regroupa les deux livres dans un pack appelé « Kit de Productivité pour Mamans » et ajouta un modèle Canva qu'elle utilisait elle-même. Elle augmenta le prix à 19 dollars.

À la fin du mois, elle avait gagné 410 dollars — presque autant que ce qu'elle gagnait autrefois en donnant des cours particuliers à temps partiel. Mais cette fois, la différence était énorme : les revenus étaient passifs. Les eBooks continuaient à se vendre pendant qu'elle préparait le dîner, aidait ses enfants à faire leurs devoirs ou allait se promener.

Elle sentit quelque chose changer en elle. Pour la première fois, elle ne rêvait plus d'être auteure — elle l'était. Et elle n'avait pas suivi la voie traditionnelle. Elle avait utilisé l'IA pour la guider, la soutenir et libérer le potentiel qu'elle possédait déjà. Maintenant, elle avait un système — et une vision pour aller encore plus loin.

L'histoire de Michelle représente la nouvelle réalité. Vous n'avez pas besoin d'attendre un éditeur, une équipe ou un miracle. Vous avez simplement besoin de quelques outils, d'un message qui mérite d'être partagé et de la volonté d'essayer. Le reste, l'IA peut s'en charger.

Chapitre 3 : Concevoir et vendre des modèles numériques et des kits d'outils avec l'IA

Les modèles et kits d'outils font partie des produits numériques les plus simples et les plus rentables à créer — surtout avec l'aide de l'intelligence artificielle. Contrairement aux eBooks ou aux cours, qui nécessitent un contenu structuré du début à la fin, les modèles offrent une valeur rapide, une utilisation immédiate et se vendent souvent très bien sur des plateformes comme Etsy, Gumroad, Creative Market ou votre propre site web. Grâce aux outils de conception basés sur l'IA, aux générateurs de contenu et aux plateformes d'automatisation gratuites, vous pouvez passer d'une idée à un produit rentable en une seule après-midi.

La première étape pour créer un modèle réussi consiste à choisir une niche. Posez-vous la question : « Quel problème puis-je aider quelqu'un à résoudre en 15 minutes ou moins ? » Les modèles sont très appréciés par les personnes occupées parce qu'ils évitent de devoir tout créer à partir de zéro. Par exemple, un entrepreneur peut vouloir un tableau de suivi financier. Un créateur de contenu peut avoir besoin d'un mois complet de légendes Instagram. Un chercheur d'emploi peut chercher un modèle de CV. Vous pouvez rechercher des idées tendance en explorant des plateformes comme Etsy, Canva ou Notion Market, ou utiliser ChatGPT pour générer une liste avec la question : « Quels sont les modèles numériques très demandés que les gens achètent en ligne ? »

Une fois votre idée de modèle choisie, sélectionnez la plateforme de création. Pour les designs visuels comme les agendas, les feuilles de travail ou les packs de contenu pour réseaux sociaux, utilisez Canva. Pour des outils plus techniques comme des calculateurs budgétaires ou des feuilles de planification d'entreprise, utilisez Google Sheets ou Notion. Ces plateformes sont gratuites, flexibles et faciles à exporter. Il est maintenant temps d'utiliser l'IA pour générer le contenu du modèle. Par exemple, si vous créez un modèle de plan d'affaires, demandez à ChatGPT de générer des exemples préremplis dans chaque section — résumé exécutif, étude de marché, plan de vente, etc. Vous pouvez ensuite copier ce contenu dans votre design et laisser des espaces pour que l'acheteur ajoute ses propres informations.

La présentation visuelle est importante, donc utilisez des éléments de design générés par l'IA pour rendre votre modèle propre et professionnel. Des outils comme Magic Design de Canva, Kittl ou Microsoft Designer offrent des mises en page prêtes à l'emploi et des visuels générés par l'IA. Choisissez une police et une palette de couleurs cohérentes, et rappelez-vous que la simplicité est souvent la meilleure option. Évitez de surcharger vos modèles. Offrez plutôt de la valeur grâce à la clarté et à la facilité d'utilisation. Ajoutez un guide de démarrage rapide ou quelques conseils pour aider l'acheteur à utiliser efficacement votre modèle. L'IA peut rédiger ces explications dans un ton amical et professionnel, par exemple : « Explique comment utiliser ce modèle de budget pour une mère célibataire qui souhaite économiser de l'argent ».

Une fois votre modèle terminé, regroupez-le avec d'autres ressources similaires pour créer un kit d'outils. Cela augmente la valeur perçue et vous permet d'augmenter votre prix. Par exemple, un « Kit pour petite entreprise » pourrait inclure :

Un modèle de plan d'affaires (Google Docs)
Une feuille de prévision financière (Google Sheets)
Un formulaire de brief pour logo (Canva)
Un formulaire d'intégration client (Notion)

Vous pouvez proposer chaque élément séparément ou vendre le pack complet à un prix plus élevé — souvent trois à cinq fois plus cher qu'un seul modèle. Le regroupement est une stratégie avancée mais très puissante qui multiplie vos revenus par vente sans augmenter votre charge de travail. L'IA peut également vous aider à nommer votre kit avec des idées de marque comme : « Le Système de Réussite Freelance », « Pack de Croissance pour Influenceurs » ou « Startup en Boîte ».

Pour vendre votre modèle, choisissez une plateforme adaptée à votre public. Etsy fonctionne très bien pour les agendas, les modèles budgétaires et les outils de productivité. Gumroad et Payhip sont idéaux pour les kits spécialisés, avec livraison instantanée et gestion des paiements. Vous pouvez aussi héberger votre kit sur votre propre site ou une page de vente et conserver 100 % des profits. Utilisez des outils comme Systeme.io ou ConvertKit pour automatiser la livraison. De nombreux créateurs à succès proposent également un modèle gratuit pour développer leur liste d'e-mails, puis vendent des packs complets plus tard grâce à des séquences d'e-mails générées par l'IA.

N'oubliez pas de créer des images de présentation de haute qualité. Utilisez les maquettes Canva pour montrer votre modèle sur une tablette, un téléphone ou un ordinateur. Ajoutez des mentions comme « Modifiable », « Téléchargement instantané » et « Inclut 5 modèles » pour augmenter les conversions. L'IA peut aussi générer des descriptions de produits et des avantages pour les clients, par exemple : « Gagnez plus de 10 heures par semaine avec ce calendrier de contenu prêt à l'emploi » ou « Conçu pour les professionnels occupés qui veulent des résultats rapides sans stress ».

La dernière étape est la promotion. Demandez à ChatGPT d'écrire des légendes Instagram, des descriptions Pinterest, des articles de blog et des e-mails promotionnels. Vous pouvez même transformer votre kit d'outils en aimant à prospects pour promouvoir des produits plus importants comme des cours ou des programmes de coaching. Si vous souhaitez passer à l'échelle supérieure, lancez des publicités payantes sur Facebook ou TikTok en utilisant des créations réalisées avec des outils comme Pictory ou InVideo. L'IA vous permet de tester rapidement plusieurs angles marketing.

Les modèles et kits d'outils peuvent être une véritable mine d'or lorsqu'ils sont créés stratégiquement. Ils sont rapides à produire, peu coûteux à distribuer et extrêmement utiles pour le bon public. Avec l'IA, le processus n'est plus technique ni long. Il devient rapide, agréable et rentable. Que vous soyez designer, entrepreneur ou débutant complet, les modèles vous permettent de transformer vos connaissances en ventes répétées — presque automatiquement.

L'histoire de Rafael sur Gumroad

Rafael ne s'était jamais considéré comme une personne créative. Il était entraîneur personnel et venait de réduire ses heures au gymnase pour essayer de construire une source de revenus en ligne. Sa petite amie lui suggéra de vendre quelque chose de numérique, mais il ne savait pas par où commencer. « Je ne suis pas écrivain, je ne suis pas designer et je n'aime même pas les réseaux sociaux », dit-il en plaisantant à moitié.

Un jour, il tomba sur une vidéo parlant de modèles Notion générés avec l'IA. Le créateur expliquait comment utiliser ChatGPT et Canva pour créer de simples outils de productivité vendus entre 10 et 50 dollars sur Gumroad. Rafael était sceptique au début — qui paierait pour un modèle ? Mais sa curiosité prit le dessus. Il rechercha « fitness planner » sur Etsy et vit des centaines de résultats, beaucoup avec des milliers d'avis. Il comprit alors quelque chose d'important : il n'avait pas besoin d'être designer. Il devait simplement organiser ce qu'il savait déjà dans un format utile.

Ce soir-là, il ouvrit Canva et rechercha « fitness template ». Les options semblaient infinies. Il choisit un design simple et moderne et le modifia en utilisant du texte généré par ChatGPT. Il demanda :

« Peux-tu créer un plan d'entraînement de 30 jours pour débutants avec échauffements et conseils quotidiens ? »

En quelques secondes, il avait une structure complète. Il ajusta quelques exercices selon son expérience avec ses clients et ajouta des citations motivantes. Ensuite, il utilisa les maquettes intelligentes de Canva pour créer des images du planificateur affiché sur un iPad et un ordinateur portable. Il l'appela « The 30-Day Fitstart Planner » et le téléversa sur Gumroad au prix de 12 dollars. Pour essayer, il partagea le lien dans un ancien groupe Facebook de fitness et dans ses stories Instagram.

Le lendemain matin, il se réveilla avec deux ventes. 24 dollars, ce n'était pas énorme, mais c'était plus que tout ce qu'il avait gagné en ligne auparavant. Il ressentit un déclic — une sensation de possibilité. Au cours de la semaine suivante, il demanda à ChatGPT de nouvelles idées :

« Quels sont 10 kits numériques de fitness que je pourrais créer pour des débutants, des parents occupés ou des propriétaires de salle de sport ? »

Les réponses étaient pleines d'idées :

Suivi de préparation des repas
Tableaux de progression hebdomadaire
Formulaires d'inscription pour les clients des coachs
Calendriers d'entraînement à domicile de 15 minutes
Modèles de plan d'affaires pour ouvrir une salle de sport

Rafael créa alors un « Fitness Coach Starter Kit » avec cinq modèles : un journal d'entraînement, un suivi nutritionnel, un formulaire client, un planning d'entraînement à domicile et une feuille de tarification. Il regroupa le tout pour 29 dollars. Ensuite, il réalisa une publicité vidéo avec InVideo, la publia sur Instagram et ajouta le lien dans sa biographie.

Cette semaine-là, il réalisa 18 ventes — soit 522 dollars. Le revenu passif lui semblait irréel. « Les gens achètent des outils que j'ai créés avec ChatGPT et Canva pendant que je dors », dit-il à sa petite amie. « C'est l'avenir. »

En continuant à développer son projet, Rafael commença à collecter des e-mails et créa une simple page d'atterrissage avec Systeme.io offrant un plan de repas gratuit de sept jours. Il utilisa l'IA pour écrire la séquence d'e-mails qui présentait son kit complet le troisième jour. Les ventes doublèrent. Ce qui avait commencé comme un simple modèle était devenu une véritable marque numérique. Il n'était plus seulement entraîneur — il était devenu un entrepreneur de produits numériques.

Et le meilleur dans tout cela : il avait encore du temps pour entraîner ses clients, jouer au football et s'entraîner lui-même sans l'épuisement des petits boulots. Avec l'IA comme partenaire silencieux, Rafael avait construit une activité de modèles numériques qui travaillait pour lui — et non l'inverse.

Chapitre 4 : Créer et vendre des cours en ligne avec l'IA — sans apparaître à la caméra

Les cours en ligne sont l'un des produits numériques les plus rentables que vous puissiez créer — surtout lorsqu'ils sont combinés avec l'intelligence artificielle. Avec la croissance des plateformes d'apprentissage en ligne et la demande mondiale pour l'acquisition de compétences, il est aujourd'hui plus facile que jamais de partager ce que vous savez et d'être rémunéré pour cela. Mieux encore, vous n'avez plus besoin d'apparaître à la caméra, d'engager une équipe vidéo ou de passer des mois à créer le contenu. Grâce aux outils d'IA pour l'écriture de scripts, les voix off, la création de diapositives et le montage vidéo, vous pouvez construire un cours professionnel en seulement quelques jours.

La première étape consiste à choisir le sujet de votre cours. Concentrez-vous sur la résolution d'un problème précis. Des sujets généraux comme « Apprendre le business » ou « Améliorer sa santé » sont trop larges. Réduisez le champ. Par exemple : « Comment construire un crédit d'entreprise sans utiliser votre numéro de sécurité sociale » ou « Planification de repas pour végétaliens occupés ». Utilisez ChatGPT pour vous aider à réfléchir : « Quelles sont 10 idées de cours rentables dans [votre domaine d'expérience ou votre niche] ? » Recherchez l'intersection entre ce que vous savez et ce que les gens recherchent activement. Utilisez Google Trends, Udemy et Skillshare pour valider la demande.

Une fois votre sujet choisi, laissez l'IA créer votre programme. Demandez à ChatGPT : « Crée un plan de cours de 10 leçons pour [titre du cours] destiné aux débutants ». Vous recevrez une liste structurée de leçons que vous pourrez ensuite développer. Prenez chaque leçon et demandez : « Donne-moi un script détaillé pour la Leçon 1 dans un ton amical, centré sur [point clé] ». Ce script deviendra votre voix off — la base de votre cours sans visage. Si vous souhaitez plus d'interaction ou d'histoires, vous pouvez également le préciser directement dans votre demande.

Ensuite, décidez comment vous souhaitez présenter votre cours. Vous pouvez utiliser des diapositives avec voix off, des avatars générés par l'IA, des vidéos animées ou de simples enregistrements d'écran. Si vous souhaitez un résultat professionnel sans apparaître à l'écran, utilisez des outils comme Pictory, Synthesia, InVideo ou Tome AI. Ces plateformes vous permettent de copier-coller votre script, de choisir un arrière-plan ou un avatar et de générer une vidéo de haute qualité. Pour les leçons uniquement audio, ElevenLabs ou PlayHT permettent de créer des voix off réalistes à partir de vos scripts. Ces outils sont particulièrement utiles si vous souhaitez éviter de parler ou d'apparaître à la caméra.

Pour les visuels, vous pouvez générer des présentations personnalisées avec Gamma.app ou Beautiful.ai, ou utiliser les outils de présentation de Canva. Utilisez des visuels qui correspondent à votre script et évitez de surcharger les diapositives avec trop de texte. Vous pouvez également utiliser des images libres de droits, des illustrations générées par l'IA ou des vidéos B-roll provenant de Pexels et Pixabay pour rendre votre cours plus dynamique. Essayez de garder les leçons courtes — idéalement moins de dix minutes — afin de maintenir l'attention des étudiants et de réduire le temps de production.

Une fois votre cours prêt, choisissez une plateforme. Si vous souhaitez bénéficier d'un trafic intégré, Udemy et Skillshare sont d'excellentes options. Des millions d'étudiants y recherchent des formations chaque jour. Si vous préférez avoir plus de contrôle, des plateformes comme Teachable, Thinkific, Gumroad et Podia vous permettent de fixer votre propre prix et de conserver une plus grande part des profits. Vous pouvez également vendre votre cours via votre propre tunnel de vente en utilisant Systeme.io ou ConvertKit, en combinant marketing par e-mail, ventes additionnelles et automatisation.

Pour maximiser vos revenus, envisagez d'ajouter des bonus : modèles téléchargeables, checklists ou guides de ressources. Utilisez ChatGPT pour créer des documents complémentaires comme « Résumé PDF de la leçon 1 » ou « Checklist pour le module 3 ». Ces éléments supplémentaires augmentent la valeur perçue et offrent à vos étudiants davantage d'outils pour réussir. Vous pouvez également transformer votre cours en eBook, livre audio ou pack d'atelier numérique.

Le marketing est essentiel, mais l'IA le rend beaucoup plus simple. Utilisez ChatGPT pour rédiger votre page de vente, vos scripts publicitaires et vos séquences d'e-mails. Utilisez des outils comme Opus Clip pour transformer votre cours en courtes vidéos promotionnelles. Planifiez vos publications avec Metricool ou Buffer et laissez l'automatisation gérer les messages de suivi. L'objectif est de créer une fois, puis de vendre pour toujours.

Vous n'avez pas besoin d'équipement coûteux, de nombreuses années d'expérience ou d'une chaîne YouTube pour lancer un cours. Avec les bonnes instructions, les bons outils et une structure simple, vous pouvez utiliser l'IA pour créer et vendre des cours qui changent des vies — y compris la vôtre. Que vous enseigniez le marketing, la parentalité, la programmation ou l'écriture créative, quelqu'un quelque part attend d'apprendre de vous. Laissez l'IA faire le travail technique. Vous apportez simplement le message.

Le premier cours en ligne d'Elena : « Smart Eating for Kids »

Elena était nutritionniste certifiée, mais après la naissance de son deuxième enfant, retourner à son emploi à temps plein dans une clinique semblait impossible. Elle voulait rester à la maison avec ses enfants tout en continuant à gagner un revenu. Une amie lui suggéra de créer un cours en ligne, mais Elena refusa immédiatement. « Je ne suis pas une YouTubeuse », dit-elle. « Je déteste les caméras. Je serais paralysée. »

Un soir, alors qu'elle nourrissait son nouveau-né et parcourait TikTok, elle vit une vidéo : « Comment j'ai gagné 8 000 dollars le mois dernier avec des cours générés par l'IA — sans visage, sans voix ». Elle fut surprise. Le créateur expliquait comment utiliser ChatGPT, ElevenLabs et Canva pour produire des cours vidéo de haute qualité sans jamais apparaître à l'écran. Elena passa deux heures supplémentaires à regarder des tutoriels, sa curiosité se transformant peu à peu en enthousiasme.

Le lendemain, elle ouvrit ChatGPT et écrivit :

« Quelles sont des idées de cours rentables dans le domaine de la nutrition ? »

La réponse inclut plusieurs suggestions : « Préparation des repas pour débutants », « Nutrition végétalienne avec petit budget », « Nutrition pour mamans occupées », et d'autres encore. Une idée attira particulièrement son attention : « Smart Eating for Kids ». C'était un sujet qu'elle maîtrisait déjà — elle préparait chaque semaine des repas adaptés aux tout-petits. Elle demanda alors à ChatGPT :

« Crée un plan de cours en 10 modules pour 'Smart Eating for Kids'. »

La réponse était meilleure que tout ce qu'elle avait imaginé elle-même. Chaque module avait des objectifs d'apprentissage clairs, des titres accrocheurs et un véritable contenu utile. Elle choisit le module 1 et écrivit :

« Rédige un script de trois minutes dans un ton amical pour le module 1 : 'Comprendre les besoins nutritionnels de votre enfant'. »

En quelques secondes, elle avait un script prêt à être utilisé pour une voix off. Elena ouvrit ensuite ElevenLabs, colla le texte, choisit une voix féminine chaleureuse et téléchargea l'audio. Cela semblait réel — professionnel, même rassurant. « Cela pourrait vraiment fonctionner », murmura-t-elle.

Ensuite, elle utilisa Canva pour créer ses diapositives. Elle les garda simples : une idée par diapositive, beaucoup d'espace blanc et des couleurs douces et ludiques. Pour les images, elle utilisa les suggestions d'images de l'IA de Canva ainsi que des photos de repas sains et d'enfants heureux. Elle synchronisa la voix off avec Pictory, qui lui permit d'associer l'audio à chaque diapositive.

Après trois jours de travail le soir — pendant que ses enfants faisaient la sieste ou jouaient — elle avait terminé son cours complet. Dix modules. Un guide de recettes téléchargeable. Un planificateur de boîtes à lunch. Un modèle de liste de courses en bonus. Elle téléversa le tout sur Gumroad, fixa le prix à 49 dollars et créa une simple page de vente avec Systeme.io utilisant un texte généré par l'IA : « Rendez les repas plus simples et plus sains — sans stress ».

Elle publia ensuite un message sur son compte Instagram destiné aux mamans. La première semaine : trois ventes. Puis huit. Puis quatorze. Une femme lui envoya un message disant : « Ce cours a sauvé mes matinées. Merci ! »

En un mois, Elena avait gagné 1 270 dollars. C'était plus que ce qu'elle avait gagné durant son dernier mois à la clinique — mais cette fois depuis chez elle, en pyjama, avec son bébé sur les genoux.

Elle ne s'arrêta pas là. Elle transforma son cours en eBook grâce à ChatGPT, le vendit sous forme de pack et commença à travailler sur un deuxième cours : « Les premiers aliments de bébé : guide pour nouveaux parents ». Elle commença également à construire une liste d'e-mails avec un guide gratuit intitulé « Snacks pour tout-petits », écrit avec l'aide de l'IA.

Elena n'a jamais montré son visage, n'a jamais enregistré une seule vidéo d'elle en train de parler et n'a engagé personne. Pourtant, elle était désormais une créatrice respectée de cours numériques dans le domaine de la parentalité, et son activité continuait de croître chaque semaine.

Son histoire prouve ce qui est possible avec l'IA. Si vous avez des connaissances et la volonté d'apprendre, vous pouvez enseigner aux autres sans quitter votre maison ni allumer une caméra. Comme Elena, votre voix — même générée par l'IA — peut avoir un impact réel.

Chapitre 5 : Transformer votre contenu généré par l'IA en packs pour augmenter vos ventes et vos profits

L'une des stratégies les plus puissantes pour augmenter votre revenu passif est la création de packs. Au lieu de vendre des eBooks, des modèles ou des cours individuellement, vous les combinez dans des offres à forte valeur — ce qui augmente considérablement la valeur perçue, le taux de conversion des ventes et le montant moyen par commande. Avec l'intelligence artificielle, créer des packs n'a jamais été aussi simple. Vous pouvez réutiliser du contenu existant, générer des produits complémentaires et les regrouper avec une image de marque professionnelle et une automatisation efficace en seulement quelques heures.

La psychologie derrière les packs est simple : les gens aiment la commodité et les économies. Lorsque vous proposez plusieurs solutions dans un seul achat, vous faites gagner du temps et de l'énergie à vos clients. Au lieu d'acheter cinq produits séparés, ils obtiennent tout ce dont ils ont besoin au même endroit — souvent à un prix légèrement réduit. En même temps, vous gagnez plus d'argent par vente et réduisez votre coût d'acquisition client. Un eBook à 19 dollars peut se vendre occasionnellement. Mais un pack à 49 dollars comprenant trois eBooks, un modèle et une checklist peut se vendre beaucoup plus souvent — même auprès du même public.

Pour commencer à créer un pack, regroupez vos produits par thème ou par public cible. Si vous avez un cours sur la création de marque personnelle, un eBook sur la création de contenu pour les réseaux sociaux et un modèle Canva pour Instagram, vous pouvez les combiner dans un « Pack Puissance de Marque Personnelle ». Si vous avez des modèles pour le budget, la planification des repas et l'organisation du temps, créez un « Kit de Productivité pour Mamans Occupées ». Demandez à ChatGPT : « Quel type de pack de produits numériques pourrais-je créer avec ces trois produits : [liste] ? » L'IA vous proposera des noms, des publics cibles et même des idées de bonus à ajouter.

Ensuite, créez les éléments supplémentaires qui rendent votre pack irrésistible. Cela peut inclure :

Des checklists
Des cahiers d'exercices
Des fichiers modèles (swipe files)
Des fiches mémo
Des planificateurs imprimables
Des tutoriels vidéo

Même si vous n'avez pas encore créé ces éléments, l'IA peut les générer en quelques minutes. Par exemple : « Crée une checklist PDF d'une page sur [sujet] » ou « Rédige un cahier d'exercices pour accompagner mon eBook sur [thème] ». Utilisez Canva ou Google Docs pour mettre en forme ces ajouts sous forme de documents élégants et téléchargeables. Ces petits bonus font souvent une grande différence dans la valeur perçue de votre pack.

Une fois votre pack terminé, donnez-lui un nom qui évoque transformation et clarté. Utilisez ChatGPT pour générer des idées comme : « Kit de Démarrage vers la Liberté Financière », « Accélérateur de Création de Contenu » ou « Boîte à Outils de Vie Consciente ». Le nom doit suggérer des résultats, de la simplicité ou une solution complète. Inclure les mots « pack », « kit » ou « système » dans le titre permet de montrer qu'il s'agit de plusieurs produits.

Ensuite, fixez votre prix de manière stratégique. En général, les packs sont vendus à un prix trois à cinq fois supérieur à celui de votre produit principal, tout en donnant l'impression d'une bonne affaire. Par exemple, si votre eBook coûte 19 dollars, votre pack peut être vendu 49 dollars. Vous pouvez également afficher la valeur totale de chaque élément (par exemple : « Valeur totale 97 dollars, obtenez tout aujourd'hui pour seulement 39 dollars »). Utilisez des stratégies de rareté comme des offres limitées dans le temps ou des bonus pour encourager les conversions. Et n'oubliez pas d'offrir une garantie de remboursement — cela renforce la confiance et réduit les hésitations.

L'étape suivante consiste à créer une page de vente à forte conversion. Utilisez Systeme.io, Gumroad ou ConvertKit pour créer une page claire et sans distraction qui explique ce que contient le pack, à qui il s'adresse, quels problèmes il résout et ce qui est inclus. Utilisez des listes à puces, des images de présentation et des témoignages si vous en avez. ChatGPT peut également rédiger votre texte de vente avec des instructions comme : « Rédige une page de vente persuasive pour mon [nom du pack] destinée à [public cible] ». Vous pouvez même lui demander de générer différents titres, appels à l'action et descriptions basées sur les bénéfices.

Une fois votre pack en ligne, générez du trafic grâce au marketing assisté par l'IA. Créez de courtes vidéos promotionnelles avec Opus Clip, rédigez des séquences d'e-mails automatisées avec ChatGPT et programmez vos publications avec Metricool ou Hypefury. Vous pouvez également proposer un « produit d'appel » — un petit produit ou un contenu gratuit qui mène ensuite à votre pack en tant qu'offre complémentaire. Avec le temps, votre pack devient un actif numérique qui génère des revenus réguliers et évolutifs.

La beauté de la stratégie de pack est que vous ne repartez pas de zéro. Vous exploitez ce que vous avez déjà créé, vous l'améliorez avec des éléments générés par l'IA et vous le présentez sous une forme à plus forte valeur. C'est ainsi que des créateurs ordinaires deviennent des entrepreneurs à six chiffres — non pas en travaillant plus dur, mais en vendant plus intelligemment. Si vous souhaitez augmenter vos profits à partir de votre contenu existant, il est temps de commencer à créer des packs.

Jasmine, experte en productivité

Jasmine était coach en productivité et adorait créer des outils pour ses clients. Au fil des années, elle avait développé des dizaines de ressources : feuilles de planification horaire, guides de fixation d'objectifs, planificateurs numériques et même quelques mini-cours. Pourtant, les ventes restaient lentes. Ses produits étaient excellents, mais les vendre individuellement lui donnait l'impression de recommencer constamment à zéro.

Un soir, après avoir regardé un webinaire sur les offres groupées, elle eut une révélation. « J'ai vendu des pièces de puzzle », se dit-elle, « au lieu d'offrir l'image complète ».

Cette semaine-là, elle se connecta à Canva et ouvrit tous ses anciens produits. Il y avait plus de trente modèles — des suivis d'habitudes quotidiennes aux playlists pour améliorer la concentration. C'était plus qu'elle ne le pensait. Elle les lista et les regroupa par thème : routines matinales, planification hebdomadaire, sessions de travail profond et déconnexion numérique. Toutes les pièces étaient là. Il ne restait plus qu'à les assembler.

Elle ouvrit ChatGPT et demanda :

« Quel type de pack de produits numériques puis-je créer avec des planificateurs quotidiens, des modèles de fixation d'objectifs et un cours sur la gestion du temps ? »

La réponse arriva instantanément : « Le Kit Ultime de Productivité : tout ce dont vous avez besoin pour reprendre le contrôle de votre temps et de votre concentration — inclut 10 modèles, un cahier d'exercices étape par étape et un mini-cours ».

Jasmine sourit. C'était exactement cela. Elle le renomma « The Productive Life Bundle » et commença à redessiner les couvertures avec l'outil Smart Design de Canva. Pour chaque élément, elle créa une simple image de présentation et rédigea une phrase décrivant le bénéfice. Pour augmenter la valeur, elle demanda à ChatGPT de créer un défi e-mail de sept jours à associer au pack. En moins de cinq minutes, l'IA généra toute la séquence — lignes d'objet, texte des e-mails et structure complète.

Mais elle ne s'arrêta pas là. Elle créa un script de méditation avec ChatGPT, puis le transforma en audio grâce à ElevenLabs. Désormais, le pack incluait des modèles, de l'audio, un cours vidéo et même une checklist de routine matinale motivante — le tout enrichi par l'IA.

Quand vint le moment de fixer le prix, elle pensa à ses anciens produits. Chacun se vendait entre 10 et 19 dollars individuellement. Le pack avait désormais une valeur totale supérieure à 150 dollars. Elle fixa le prix à 49 dollars et utilisa ChatGPT pour rédiger la page de vente. Le titre disait : « Améliorez votre concentration, organisez votre vie et reprenez le contrôle de votre temps — en seulement 7 jours ».

Elle téléversa le pack sur Gumroad, le partagea avec sa petite liste d'e-mails et publia une courte vidéo sur Instagram montrant un aperçu des outils. Le premier jour apporta six ventes. Le deuxième jour, dix. À la fin de la semaine, elle avait gagné 790 dollars avec un produit qu'elle n'avait même pas créé entièrement à partir de zéro — simplement en réutilisant intelligemment ce qu'elle avait déjà.

Jasmine réalisa quelque chose d'encore plus important : elle avait enfin une offre évolutive. Au lieu de chercher constamment de nouveaux clients, elle pouvait simplement orienter les gens vers son pack. Au lieu de créer quelque chose de nouveau chaque semaine, elle pouvait lancer des publicités et automatiser ses e-mails. Le travail était fait — il suffisait maintenant de le montrer aux bonnes personnes.

Au fur et à mesure que sa confiance grandissait, elle créa des packs thématiques pour différents publics :

Le « Pack Concentration pour Mamans Occupées »
Le « Système de Travail Profond pour Entrepreneurs »
La « Boîte à Outils de Réussite pour Étudiants »

Chacun réutilisait des éléments du pack principal avec quelques variations de branding et de bonus — tous guidés par ChatGPT. Chaque nouveau produit ne prenait que quelques heures à créer, mais ajoutait des centaines de dollars à ses revenus mensuels.

Au bout de trois mois, Jasmine avait gagné plus de 3 000 dollars grâce à ses packs — plus que ce que ses clients de coaching individuel lui avaient jamais payé. Mais le plus grand changement n'était pas financier — il était mental. Elle ne se voyait plus comme une entrepreneure indépendante en difficulté. Elle dirigeait désormais une entreprise numérique intelligente et évolutive. Et tout a commencé lorsqu'elle a cessé de vendre des pièces séparées pour proposer la solution complète.

Chapitre 6 : Automatiser les ventes, la livraison et le suivi avec des outils d'IA

Une fois vos produits numériques créés — qu'il s'agisse d'eBooks, de cours, de modèles ou de packs — l'étape suivante consiste à tout automatiser. Cela inclut la façon dont votre produit est vendu, livré et la manière dont vous assurez le suivi avec vos clients. L'objectif est de construire un système qui génère des revenus et développe des relations pendant que vous dormez. Grâce aux outils d'automatisation alimentés par l'IA, cela est désormais possible sans avoir besoin de coder ni d'engager une équipe technique.

Commencez par choisir une plateforme pour héberger et vendre votre produit. Pour la plupart des créateurs numériques, les meilleures options sont Gumroad, Systeme.io, Podia ou Payhip. Ces plateformes vous permettent de télécharger vos produits, de fixer vos prix et de livrer automatiquement vos fichiers après l'achat. Une fois que le client paie, le système envoie automatiquement par e-mail le lien de téléchargement ou les informations de connexion au cours. Cette étape élimine à elle seule le besoin de travail manuel ou de surveillance constante. Choisissez une plateforme qui s'intègre avec des outils d'email marketing et des processeurs de paiement comme Stripe ou PayPal.

Une fois votre produit en ligne, l'étape suivante de l'automatisation est le tunnel de vente — une série de pages qui guide le visiteur de l'intérêt initial jusqu'à l'achat. Un tunnel classique comprend :

Une page de capture ou page d'atterrissage
Une page produit ou de paiement
Une page de remerciement
Des e-mails de suivi automatisés

Utilisez des outils d'IA comme ChatGPT pour rédiger chacune de ces pages. Par exemple : « Rédige une page d'atterrissage à forte conversion pour mon [nom du produit] destinée à [public cible]. » Ensuite : « Crée une séquence de 5 e-mails pour de nouveaux abonnés intéressés par [sujet]. » Vous pouvez utiliser Systeme.io, ConvertKit, MailerLite ou Beehiiv pour créer ces automatisations grâce à des outils simples de glisser-déposer.

Ensuite, automatisez la capture de prospects. Offrez une ressource gratuite — un eBook, une checklist, une vidéo ou un modèle — en échange de l'adresse e-mail du visiteur. Ce « lead magnet » est souvent l'outil le plus puissant pour établir une relation avec de futurs acheteurs. ChatGPT peut également vous aider à créer le lead magnet ainsi que la séquence d'e-mails de remerciement qui présente votre produit principal après l'inscription. Par exemple : « Crée une séquence d'e-mails de trois jours qui présente mon guide gratuit puis propose mon pack payant. »

Une fois que vous avez collecté des adresses e-mail, votre système de suivi se met en marche. L'email marketing reste l'un des canaux marketing les plus rentables — et il peut être entièrement généré par l'IA. Vous pouvez programmer des e-mails hebdomadaires écrits par ChatGPT, envoyer des conseils basés sur le comportement de l'acheteur ou créer des promotions automatiques qui continuent pendant des mois. Les outils d'e-mail permettent également de segmenter votre audience — par exemple, quelqu'un qui télécharge votre eBook gratuit recevra une séquence différente de quelqu'un qui achète votre cours.

Une autre partie essentielle de l'automatisation est la vente additionnelle et la vente croisée. Cela se produit après l'achat. Vous pouvez utiliser des plateformes comme Gumroad ou Systeme.io pour afficher une seconde offre après le paiement, par exemple : « Ajoutez ce cahier d'exercices bonus pour seulement 7 dollars » ou « Vous voulez la version complète du cours ? Passez à la version premium pour 29 dollars ». Ces micro-offres augmentent considérablement votre revenu par client — et l'IA peut également rédiger les titres et descriptions de ces offres.

Au-delà des e-mails, vous pouvez automatiser votre contenu sur les réseaux sociaux grâce à des outils comme Buffer, Hypefury, Metricool ou le planificateur de contenu de Canva. Vous pouvez programmer un mois entier de publications avec des textes et des images générés par l'IA. Par exemple : « Crée 10 légendes Instagram pour promouvoir mon eBook sur la gestion du temps ». Combinez cela avec des designs Canva et vous obtenez une présence régulière sans effort quotidien. Associez cela à des vidéos courtes générées par l'IA avec Opus Clip ou InVideo pour attirer encore plus de trafic vers votre tunnel de vente.

Pour le service client, vous pouvez utiliser des chatbots d'IA comme Tidio ou ManyChat afin d'automatiser les questions fréquentes et l'assistance produit. Ces bots peuvent répondre 24 heures sur 24 à des questions comme « Où est mon téléchargement ? » ou « Que contient le pack ? ». Vous pouvez leur fournir des réponses générées avec ChatGPT, ce qui améliore l'expérience client tout en vous libérant du temps.

Enfin, analysez vos résultats et optimisez votre système. Utilisez les outils d'analyse intégrés à Gumroad, Systeme.io ou Google Analytics pour voir quels e-mails convertissent le mieux, quelles offres fonctionnent le plus et à quel moment les visiteurs quittent votre page. Ensuite, demandez à l'IA des suggestions d'amélioration. Par exemple : « En analysant ce tunnel de vente, comment puis-je améliorer mes conversions ? »

Automatiser votre activité de produits numériques ne signifie pas la rendre froide ou impersonnelle. Cela signifie vous libérer pour être plus créatif pendant que vos systèmes gèrent le travail répétitif. Avec les outils d'IA pour vous guider, vous pouvez transformer votre activité secondaire en un moteur de revenus actif 24 heures sur 24 — avec un effort minimal et des résultats maximaux.

Le premier tunnel de vente de Marcus

Marcus était épuisé. Il avait passé des mois à créer un cours numérique détaillé sur la gestion du budget et la liberté financière pour les millennials. Il avait enregistré des vidéos, créé un cahier d'exercices et même écrit un eBook complémentaire. Mais après l'avoir lancé sur Gumroad et l'avoir annoncé à son petit réseau social, l'enthousiasme retomba rapidement. Les ventes arrivaient lentement. Chaque fois que quelqu'un achetait, il envoyait manuellement les fichiers, répondait aux questions et essayait de faire un suivi avec d'autres offres. Cela ressemblait à un emploi — pas à une entreprise.

Il avait besoin d'un système plus intelligent — un système qui ne dépendrait pas de sa présence en ligne tous les jours.

Un samedi après-midi, il décida de reconstruire tout son système de vente à partir de zéro. Mais cette fois, avec l'aide de l'IA. Il ouvrit ChatGPT et écrivit :

« Aide-moi à créer un tunnel de vente simple pour mon cours sur la gestion du budget. »

L'IA lui répondit avec un plan étape par étape :

Un lead magnet pour capturer les e-mails
Une séquence d'e-mails automatisée
Une page produit avec des offres supplémentaires
Une série d'e-mails de suivi pour les acheteurs

Le même après-midi, Marcus demanda à ChatGPT d'écrire la page d'atterrissage pour un guide gratuit intitulé « Le plan de réinitialisation financière en 5 jours ». Il utilisa Canva pour concevoir le guide, le téléversa sur Gumroad et créa un tunnel avec Systeme.io pour le livrer automatiquement. Plus besoin d'envoyer des e-mails manuellement. Lorsqu'une personne s'inscrivait, Systeme.io envoyait automatiquement le guide et déclenchait une séquence d'e-mails de cinq jours — également écrite avec l'aide de ChatGPT — qui présentait son cours payant.

En deux jours, il obtint 20 téléchargements et 3 ventes de cours. Mais cette fois, tout le processus était automatisé. Le système envoyait les accès. Les e-mails faisaient le suivi. Marcus n'avait rien à faire.

Encouragé, il créa une page d'offre complémentaire qui apparaissait après le paiement :

« Vous voulez le cahier de suivi des économies en bonus ? Ajoutez-le maintenant pour seulement 9 dollars. »

Il créa ce cahier dans Google Sheets, le mit en forme dans Canva et demanda à ChatGPT d'écrire le texte de l'offre. Cette simple addition lui rapporta 81 dollars supplémentaires la première semaine.

Pour garder son audience engagée, il mit en place une newsletter automatique — 12 semaines de conseils budgétaires et de recommandations de produits, tous rédigés par l'IA. Chaque nouvel abonné recevait un e-mail par semaine, automatiquement programmé par ConvertKit. Pour les réseaux sociaux, Marcus utilisa ChatGPT pour écrire un mois entier de publications, puis les programma dans Metricool.

Il alla même plus loin en créant un chatbot avec Tidio sur son site. Lorsqu'un visiteur posait une question — « Que contient le cours ? » ou « Proposez-vous un remboursement ? » — le bot répondait immédiatement avec des réponses préparées à l'aide de ChatGPT.

En seulement trois semaines, Marcus passa d'un travail constant à une entreprise numérique entièrement automatisée. Et la différence était énorme. Plus de tâches manuelles quotidiennes. Plus d'épuisement. Il avait enfin construit un système qui travaillait pour lui.

À la fin du deuxième mois, son tunnel de vente lui avait rapporté 2 100 dollars — presque le double de ce qu'il avait gagné manuellement durant les deux mois précédents.

Mais le plus important n'était pas seulement l'argent. C'était la tranquillité d'esprit. Il pouvait prendre un week-end libre, voyager pour voir sa famille ou se concentrer sur la création de nouveaux contenus en sachant que son système alimenté par l'IA fonctionnait en arrière-plan.

Marcus enseigne maintenant les stratégies d'automatisation dans un module bonus de son propre cours. Sa devise est simple :

« Si vous le faites plus de deux fois, automatisez-le. »

Cet état d'esprit — renforcé par l'IA — a transformé une activité secondaire stressante en une entreprise numérique évolutive et semi-passive. Et tout a commencé par une simple question :

« L'IA peut-elle m'aider à créer un système plus intelligent ? »

La réponse était évidemment oui.

Chapitre 7 : Marketing avec l'IA — Publicités, contenu et stratégies de croissance qui fonctionnent 24/7

Créer des produits numériques n'est que la moitié de l'équation. L'autre moitié — et souvent la plus difficile — est le marketing. Mais grâce à l'essor de l'intelligence artificielle, promouvoir vos eBooks, cours et modèles ne nécessite plus une agence de publicité ni un diplôme en marketing. Vous pouvez désormais créer des campagnes complètes, des textes publicitaires, des visuels, des vidéos et des publications pour les réseaux sociaux en quelques minutes. Ce chapitre vous montrera comment utiliser les outils d'IA pour créer un moteur marketing actif 24h/24 et 7j/7 qui génère des ventes régulières et développe votre audience.

Commencez par votre message. Chaque produit a besoin d'un angle d'accroche — une raison convaincante pour laquelle quelqu'un devrait s'y intéresser. Utilisez ChatGPT pour générer des accroches à fort taux de conversion avec une instruction comme : « Quels sont 10 angles marketing pour un cours numérique qui enseigne [votre sujet] ? » Vous recevrez différentes idées, allant d'angles basés sur la peur à des messages aspirants ou axés sur le gain de temps. Choisissez ceux qui correspondent à votre public. Par exemple : «

Transformez votre CV en aimant à clients » ou « Accomplissez plus en moins de temps grâce à ce système en 3 étapes ».

Une fois vos accroches définies, il est temps de rédiger votre contenu marketing. Demandez à ChatGPT de générer des séquences d'e-mails, des légendes Instagram, des titres de vidéos YouTube et des plans d'articles de blog. Par exemple : « Rédige une série de 5 e-mails pour promouvoir mon eBook sur l'indépendance financière » ou « Crée 7 légendes Instagram pour promouvoir un pack de modèles Canva ». Vous pouvez rapidement construire un calendrier de contenu complet avec une voix cohérente, un message ciblé et des appels à l'action efficaces — le tout en quelques minutes.

Ensuite, utilisez des outils de design basés sur l'IA pour créer du contenu visuel. La fonction Magic Design de Canva vous permet de générer de superbes graphiques à partir de simples instructions. Adobe Firefly, Kittl et Microsoft Designer sont également d'excellents outils pour créer des publicités, des miniatures et des maquettes de produits. Utilisez ces outils pour créer des visuels accrocheurs pour les réseaux sociaux, les publicités et les pages de vente. Si vous construisez une marque, demandez à ChatGPT de vous aider à définir vos couleurs, vos polices et votre message de marque avec une instruction comme : « Crée un guide de style de marque pour mon produit appelé [Nom] ».

La vidéo est aujourd'hui le type de contenu qui convertit le mieux en marketing digital. Avec des outils comme Pictory, InVideo et Opus Clip, vous pouvez créer des publicités vidéo, des reels et des YouTube Shorts à partir de scripts générés par l'IA — même si vous ne souhaitez pas apparaître à la caméra. Utilisez ElevenLabs ou PlayHT pour narrer les vidéos avec des voix réalistes, puis ajoutez des images vidéo ou des animations générées par l'IA. Vous pouvez demander à ChatGPT : « Écris un script publicitaire de 30 secondes pour mon [produit numérique] destiné à [public cible] ». Ensuite, collez ce script dans votre outil vidéo et produisez votre contenu en quelques minutes.

Pour le trafic organique, la régularité est essentielle. Utilisez des outils comme Hypefury, Metricool ou Publer pour programmer des publications sur plusieurs plateformes — Facebook, Instagram, LinkedIn, Twitter, TikTok et Pinterest. Combinez du contenu généré par ChatGPT avec des visuels Canva ou des extraits vidéo d'Opus Clip. Construisez la confiance au fil du temps en mélangeant des publications à forte valeur (conseils et tutoriels), des publications d'autorité (témoignages et résultats clients) et du contenu promotionnel léger.

Si vous souhaitez accélérer votre croissance, utilisez la publicité payante via Meta Ads (Facebook et Instagram),

Google Ads ou TikTok Ads. L'IA peut également vous aider dans ce domaine. Utilisez ChatGPT pour rédiger vos textes publicitaires : titres, descriptions et appels à l'action. Ensuite, créez vos visuels avec Pictory ou Canva et testez différentes versions rapidement. Par exemple : « Écris 5 variations de publicité Facebook pour mon cours sur [sujet] avec différents angles émotionnels ». Les versions les plus performantes peuvent ensuite être amplifiées avec un petit budget publicitaire. La plupart des créateurs commencent avec 5 à 10 dollars par jour pour tester leurs offres.

Le référencement naturel (SEO) est une autre stratégie à long terme renforcée par l'IA. Utilisez des outils comme NeuronWriter, Surfer SEO ou ChatGPT combiné avec Google Trends pour créer des articles de blog et des descriptions de produits optimisés pour les moteurs de recherche. Par exemple : « Rédige un article de blog optimisé pour le mot-clé 'modèles de budget pour débutants' avec un appel à l'action pour mon produit ». Publiez ces articles sur votre blog, Medium, LinkedIn ou Quora pour générer du trafic à long terme.

N'oubliez pas d'analyser vos performances. Utilisez Meta Ads Manager, Google Analytics ou le tableau de bord de votre plateforme de vente pour suivre les taux de clics, les taux de conversion et la valeur moyenne des commandes. Si une campagne fonctionne mal, demandez à ChatGPT : « Comment puis-je améliorer le taux de clics de ma publicité pour ce produit ? » L'IA ne sert pas seulement à créer — elle aide aussi à analyser et à optimiser.

Avec les bonnes instructions et les bons outils, le marketing ne doit plus être un obstacle. L'IA permet aux créateurs de lancer, tester et développer des campagnes rapidement — même sans expérience. Si vous avez de bons produits mais peu de ventes, il est temps de laisser l'IA alimenter votre moteur marketing. C'est rapide, abordable et disponible 24 heures sur 24.

Le revenu passif mensuel de Tasha : entre 1 200 et 1 800 dollars

Tasha avait un problème. Son pack de planificateurs numériques était magnifiquement conçu, rempli de fonctionnalités et lui avait pris des semaines à créer. Mais il ne se vendait pas. Elle l'avait publié sur Gumroad et Etsy, avait fait quelques annonces sur les réseaux sociaux... et rien. Après deux semaines, elle n'avait vendu que deux copies — une à sa mère et une à une amie.

Frustrée, elle savait que le problème ne venait pas du produit. Le problème était la visibilité. Elle avait besoin d'un meilleur plan marketing — mais n'avait ni le temps, ni l'argent, ni l'énergie pour apprendre des stratégies complexes. Un soir, elle vit un message dans un groupe de créateurs : « Laissez l'IA devenir votre équipe marketing ». Curieuse, elle ouvrit ChatGPT et écrivit :

« Comment promouvoir un pack de planificateurs numériques pour des professionnels occupés ? »

L'IA lui répondit immédiatement avec un plan :

Définir l'audience
Créer du contenu basé sur les problèmes et les solutions
Concevoir des visuels accrocheurs
Utiliser des vidéos courtes
Lancer des publicités à faible coût
Mettre en place des séquences d'e-mails

Cela semblait beaucoup — jusqu'à ce qu'elle réalise que l'IA pouvait l'aider à chaque étape. Elle commença par le contenu. Elle demanda :

« Donne-moi 10 légendes Instagram pour mon pack de planificateurs de productivité ».

Les résultats étaient meilleurs que tout ce qu'elle aurait pu écrire elle-même : percutants, axés sur les bénéfices et optimisés avec des hashtags. Elle copia les cinq premières dans son planificateur Instagram, puis demanda aussi des versions pour LinkedIn et Pinterest. En une heure, elle avait deux semaines de contenu prêt.

Ensuite, elle passa aux visuels. En utilisant l'outil Magic Design de Canva, elle créa des images pour les réseaux sociaux montrant son planificateur sur une tablette avec des phrases comme « Reprenez le contrôle de votre journée » et « Planifiez plus intelligemment, pas plus durement ». Les publications semblaient professionnelles — parfois même meilleures que celles de certains influenceurs qu'elle suivait.

Mais elle ne s'arrêta pas là. Tasha voulait essayer la vidéo sans apparaître à la caméra. Elle ouvrit Opus Clip, colla un script de 60 secondes généré par ChatGPT et créa une courte vidéo avec des images libres de droits et une voix off générée par l'IA. La vidéo montrait une personne buvant un café, travaillant sur un ordinateur portable et cochant des tâches — pendant que la voix expliquait les avantages du planificateur.

Elle publia la vidéo sur Instagram et TikTok, puis demanda à ChatGPT d'écrire un appel à l'action :

« Obtenez votre exemplaire du Productivity Power Pack — maintenant à -30 % pour une durée limitée. Lien dans la bio. »

Les ventes commencèrent à arriver. Deux le premier jour. Six le lendemain. Puis quelqu'un partagea la publication dans un groupe Facebook sur la productivité — et les ventes explosèrent. La semaine suivante, elle réalisa 580 dollars de ventes.

Encouragée, elle réinvestit 50 dollars dans des publicités Meta. Encore une fois, elle utilisa ChatGPT pour rédiger trois versions différentes d'annonces. Elle testa une version émotionnelle, une version basée sur les bénéfices logiques et une version avec un compte à rebours. La version émotionnelle gagna : « Submergé par les tâches ? Ce planificateur a sauvé ma santé mentale ».

Cette seule publicité généra 780 dollars de ventes à la fin du mois.

Tasha créa ensuite un lead magnet — un imprimable gratuit intitulé « Réinitialisation matinale de 10 minutes » — pour développer sa liste d'e-mails. Elle demanda à ChatGPT d'écrire une séquence de cinq e-mails pour promouvoir son pack complet. La séquence fonctionna parfaitement. Elle semblait personnelle, utile et directe. Sa liste passa de 78 abonnés à plus de 500 en six semaines. Et les ventes continuèrent.

Au troisième mois, Tasha gagnait régulièrement entre 1 200 et 1 800 dollars par mois. Non pas grâce à davantage de produits — mais grâce à un marketing plus intelligent. L'IA ne lui a pas seulement fait gagner du temps. Elle lui a donné confiance.

Elle ne se sentait plus bloquée. Elle se sentait comme une véritable entrepreneure avec un système qui fonctionnait — 24 heures sur 24.

Le plus surprenant ? Elle n'a jamais engagé de designer, de rédacteur publicitaire ou de monteur vidéo. Tout son moteur marketing était alimenté par l'IA.

Aujourd'hui, elle enseigne à d'autres créateurs de sa communauté comment promouvoir leurs boutiques Etsy avec les mêmes méthodes — avec ChatGPT au cœur de tout.

Le succès de Tasha ne venait pas d'une viralité soudaine. Il venait de la visibilité — constante, créative et stratégique. Grâce à l'IA, elle a finalement trouvé sa voix — et son audience.

Chapitre 8 : Augmenter vos revenus en réinvestissant vos profits dans davantage de produits basés sur l'IA

Une fois vos premières ventes réalisées, la véritable opportunité commence. De nombreux créateurs s'arrêtent après avoir lancé un ou deux produits numériques — mais ceux qui atteignent des revenus durables et évolutifs comprennent un principe essentiel : réinvestir leurs profits pour créer davantage. Les outils d'IA réduisant considérablement le temps et le coût de production, réinvestir même de petits profits dans une stratégie de création systématisée peut accélérer votre croissance. Ce chapitre vous expliquera comment réinvestir intelligemment et construire un moteur de revenus numériques durable.

La première étape pour passer à l'échelle consiste à analyser ce qui fonctionne. Utilisez les données de votre plateforme de vente, de votre outil d'email marketing et de vos analyses sur les réseaux sociaux pour identifier vos produits, offres, contenus et audiences les plus performants. Quel produit a eu le taux de conversion le plus élevé ? Quelle séquence d'e-mails a généré le plus de trafic ? Quelle plateforme a apporté le plus d'acheteurs ? Ces données guideront votre plan de réinvestissement. Vous pouvez demander à ChatGPT : «

Aide-moi à analyser ces données de vente et suggère quel produit je devrais créer ensuite », puis y intégrer vos résultats.

Ensuite, mettez de côté un pourcentage de vos revenus pour réinvestir. Un bon point de départ est 30 à 50 % des profits mensuels. Si vous avez gagné 500 dollars le mois dernier, envisagez d'utiliser 150 à 250 dollars pour améliorer vos outils, payer des publicités, acheter des ressources de design premium ou même engager de l'aide pour les tâches que l'IA ne peut pas automatiser entièrement. Répartissez votre réinvestissement dans trois domaines clés : la création de produits, le marketing et l'optimisation.

Pour la création de produits, réinvestissez dans le développement d'éléments supplémentaires qui complètent votre offre actuelle. Par exemple, si vous avez lancé un eBook sur la productivité, vous pourriez créer :

Un cahier d'exercices complémentaire
Un mini-cours vidéo
Un pack de modèles
Une version mobile optimisée du produit

Utilisez ChatGPT et Canva pour générer ces éléments rapidement. Cette stratégie vous permet de créer des ventes additionnelles, des packs ou des produits dérivés pour le même public avec très peu d'effort supplémentaire.

Dans le marketing, réinvestissez dans ce qui fonctionne déjà. Si votre liste d'e-mails grandit, investissez dans une plateforme d'email marketing plus avancée avec des fonctionnalités d'automatisation. Si vos vidéos génèrent des conversions, envisagez d'utiliser les versions premium d'outils comme Pictory, InVideo ou Opus Clip pour débloquer des modèles avancés et des options de branding. Vous pouvez également lancer des publicités avec de petits budgets quotidiens (5 à 20 dollars par jour) sur Facebook, Instagram ou Pinterest. Utilisez ChatGPT pour générer plusieurs variantes de publicités et analysez les résultats chaque semaine.

Réinvestir signifie aussi optimiser ce que vous avez déjà. Cela inclut l'amélioration de vos pages de vente avec de meilleurs modèles, l'optimisation de votre texte de vente, la mise à jour des visuels de vos produits et l'expansion de vos automatisations. Demandez à l'IA : « Comment puis-je améliorer mon tunnel de vente existant pour [nom du produit] ? » ou « Suggère trois façons d'augmenter la valeur moyenne de mes commandes ». De petites améliorations peuvent produire de grands résultats.

Une autre manière de passer à l'échelle est la réutilisation du contenu. Utilisez votre contenu existant pour créer de nouveaux formats. Transformez votre eBook en livre audio avec ElevenLabs. Transformez votre séquence d'e-mails en cours. Transformez vos articles de blog en podcast. Demandez à ChatGPT de restructurer votre eBook en plan de livre audio ou de générer des scripts prêts pour une voix off. Plus vous avez de formats différents, plus vous créez d'opportunités pour que les clients entrent dans votre écosystème.

Envisagez également de créer une échelle de produits — une série d'offres à différents niveaux de prix. Par exemple :

Un lead magnet gratuit
Un modèle de démarrage à 9 dollars
Un cours ou pack à 49 dollars
Une masterclass ou boîte à outils à 97 dollars
Un coaching ou service à 250 dollars ou plus

Cela vous permet de servir des personnes à différents niveaux d'intérêt et d'engagement. À mesure que les clients obtiennent des résultats avec vos petits produits, beaucoup passent naturellement au niveau supérieur. L'IA peut vous aider à structurer cette échelle et à écrire le contenu pour chaque étape du parcours client.

N'oubliez pas la collaboration. Utilisez une partie de vos profits pour engager un freelance sur Fiverr ou Upwork afin de créer une couverture premium ou des ressources bonus. Vous pouvez aussi vous associer avec un autre créateur dans votre niche pour lancer un pack commun. Utilisez ChatGPT pour rédiger votre message de collaboration, le texte de la page de vente ou les conditions du partenariat. Les collaborations peuvent vous ouvrir de nouvelles audiences et multiplier votre portée.

Enfin, créez un calendrier de production. Fixez-vous des objectifs mensuels pour lancer un ou deux nouveaux produits, packs ou lead magnets. Utilisez les outils d'IA pour accélérer le processus et éviter l'épuisement. Plus vous avez d'actifs numériques de qualité travaillant pour vous, plus vous générez de revenus — sans échanger votre temps contre de l'argent.

La croissance n'est pas une question de chance ni de viralité. Il s'agit de construire une machine — étape par étape — et de laisser l'IA en être le moteur. Réinvestissez vos profits intelligemment, utilisez vos succès pour guider vos prochaines actions, et vous découvrirez bientôt que ce qui a commencé comme une activité secondaire est devenu une véritable entreprise numérique.

La boîte à outils d'activité numérique de Devon

Devon ne pensait jamais gagner plus de quelques centaines de dollars avec son premier produit numérique. C'était un simple modèle Notion — un planificateur pour projets secondaires qu'il avait créé pour lui-même, puis amélioré avec Canva avant de le vendre sur Gumroad. Il le fixa à 12 dollars et le partagea dans quelques groupes sur la productivité. À sa grande surprise, il généra 372 dollars en deux semaines.

Il était ravi — mais ne savait pas quoi faire ensuite. Devait-il créer un autre modèle ? Lancer des publicités ? Économiser l'argent ?

Après avoir lu un article sur l'effet cumulatif des revenus des produits numériques, Devon réalisa qu'il pouvait réinvestir ces 372 dollars au lieu de les dépenser. Il ouvrit ChatGPT et demanda :

« Sur la base de mon premier modèle Notion, que devrais-je créer ensuite pour transformer cela en une activité à 2 000 dollars par mois ? »

L'IA répondit avec un plan en trois phases :

Élargir l'offre
Améliorer le tunnel de vente
Augmenter la portée

Il se mit immédiatement au travail.

Devon utilisa 79 dollars pour acheter un abonnement premium à Canva. Grâce à cela, il améliora les visuels de son produit, créa de nouvelles couvertures et réalisa des maquettes montrant ses modèles sur tablette et ordinateur. Ensuite, avec l'aide de ChatGPT, il créa une séquence d'e-mails automatisée de sept jours pour proposer un nouveau produit : le « Side Hustle Toolkit », qui incluait trois modèles, un planificateur hebdomadaire et un guide de revenus secondaires en dix étapes entièrement écrit par l'IA.

Il regroupa tout et fixa le prix à 29 dollars. Grâce à la fonction d'offre complémentaire de Gumroad, il le proposa comme ajout à son planificateur original. Le résultat ? La première semaine après le lancement, il gagna 462 dollars — plus que ce que son produit original avait généré seul.

Au lieu de retirer ses gains, il réinvestit encore — cette fois dans le contenu vidéo court. Il utilisa Pictory pour transformer les descriptions de ses produits en vidéos TikTok. Il utilisa ElevenLabs pour les voix off et des vidéos libres de droits montrant des scènes avant/après de personnes utilisant son planificateur. Puis il programma des publications quotidiennes avec Metricool.

Les ventes augmentèrent encore. Mais ce qui le surprit le plus fut sa liste d'e-mails. Grâce à un simple lead magnet gratuit intitulé « Weekly Reset », Devon construisit une liste de 2 000 abonnés en 60 jours. Il utilisa ChatGPT pour écrire des e-mails hebdomadaires mélangeant conseils de productivité et suggestions de produits. Chaque e-mail générait de nouvelles ventes du pack.

Au troisième mois, il gagnait plus de 1 400 dollars par mois. Mais il ne s'arrêta pas là. Devon réinvestit encore — cette fois dans la diversification. Il transforma son eBook en livre audio avec ElevenLabs et le regroupa avec son produit original. Il engagea également un freelance sur Fiverr pour 40 dollars afin de créer un logo et une bannière de page de vente. Sa marque paraissait plus professionnelle et sa crédibilité augmenta.

Encouragé, Devon créa une échelle de produits en trois niveaux :

Un lead magnet gratuit
Un produit de démarrage à 12 dollars
Un kit à 49 dollars
Un cours à 97 dollars (à venir)

Il suivit les conseils de ChatGPT pour créer de nouveaux cours dans sa niche et utilisa InVideo pour produire des leçons vidéo avec narration générée par l'IA. Son calendrier était structuré. Chaque mois, il lançait quelque chose de nouveau — un planificateur, un pack de modèles ou un module de cours — et son système vendait tout automatiquement.

Au sixième mois, Devon dépassait 2 800 dollars par mois. Il n'était pas célèbre. Il n'était pas devenu viral. Mais il avait accompli quelque chose d'encore mieux : construire une machine numérique qui se développait toute seule. Sa bibliothèque de contenu continuait de grandir. Son audience continuait de s'élargir. Et plus il réinvestissait, plus son entreprise se multipliait.

En regardant en arrière, Devon comprit que ce n'était pas un grand succès unique qui avait fait la différence. C'était la réinjection constante de petites victoires — amplifiées par l'IA — qui avait transformé un simple modèle en véritable empire numérique.

Chapitre 9 : Construire une marque et une communauté autour de vos produits numériques basés sur l'IA

Créer de bons produits numériques n'est que le début. Si vous voulez réussir sur le long terme, vous devez construire quelque chose de plus puissant qu'un simple produit — vous devez construire une marque. Une marque rend votre travail mémorable, augmente votre crédibilité, vous permet de facturer davantage et transforme des clients ponctuels en fans fidèles. Lorsqu'elle est associée à une communauté active, votre marque devient une véritable plateforme — capable de vous soutenir pendant des années. Dans ce chapitre, vous apprendrez comment utiliser l'IA pour construire une identité de marque, attirer des abonnés et créer une communauté qui amplifie votre croissance.

Commençons par votre identité de marque. Elle comprend le nom de votre marque, votre slogan, votre ton, votre style visuel et votre message principal. C'est la façon dont les gens vous reconnaissent et ce qu'ils ressentent lorsqu'ils interagissent avec votre contenu ou vos produits. Vous pouvez utiliser ChatGPT pour définir facilement ces éléments. Commencez par demander : « Crée une identité de marque pour un créateur numérique qui vend des modèles de productivité aux entrepreneurs occupés. » Vous recevrez des suggestions de ton (professionnel mais accessible), de valeurs (efficacité, simplicité, liberté) et d'identité visuelle (polices épurées, couleurs apaisantes). Une fois la direction choisie, vous pouvez l'affiner avec des demandes comme : « Suggère 5 idées de noms de marque simples, mémorables et alignées avec des produits numériques qui font gagner du temps. »

Après avoir défini votre identité, consolidez votre image visuelle. Utilisez Canva ou Adobe Express pour créer un logo, une palette de couleurs et un guide de typographie. La fonction Brand Kit de Canva vous permet de sauvegarder tous ces éléments afin que vos designs restent cohérents sur vos publications, pages de vente et visuels produits. Vous pouvez également utiliser des outils d'IA comme Looka ou Brandmark pour générer automatiquement des logos en fonction de votre thème et de votre audience.

Ensuite vient le contenu. Le moyen le plus rapide de développer la notoriété de votre marque est de publier du contenu utile et régulier. Demandez à ChatGPT de créer un plan de contenu de 30 jours : « Crée un mois d'idées de contenu Instagram et e-mail pour ma marque de finances personnelles. » Publiez régulièrement sur une ou deux plateformes où votre audience est présente — Instagram, YouTube, Twitter ou Pinterest par exemple. Apportez de la valeur en partageant des conseils, des coulisses, des témoignages clients et des résultats rapides obtenus grâce à vos produits. Avec le temps, votre audience associera votre nom à la qualité et à la confiance.

Pour créer une connexion plus profonde avec votre audience, créez une communauté gratuite. Vous pouvez l'héberger sur Facebook Groups, Discord, Circle ou Skool. Utilisez l'IA pour nommer la communauté (« Cercle des Créateurs Productifs », « Hub des Bâtisseurs de Revenus avec l'IA ») et rédiger la description du groupe, le message de bienvenue et les règles de la communauté. Votre objectif est de créer un espace où vos clients et abonnés peuvent partager leurs progrès, poser des questions et interagir entre eux — pas seulement avec vous. Cela renforce la fidélité et crée naturellement des ambassadeurs pour votre marque.

Une stratégie très efficace consiste à impliquer votre audience dans votre processus de création. Partagez des aperçus, demandez des avis ou lancez des sondages sur le prochain produit que vous devriez créer. Les gens aiment soutenir ce qu'ils contribuent à construire. ChatGPT peut vous aider à écrire ces publications d'engagement : « Rédige une publication Facebook demandant à mon audience de voter pour le prochain sujet d'eBook : budget ou gestion du temps. »

Utilisez également l'email marketing pour nourrir votre communauté. Envoyez des newsletters hebdomadaires qui semblent personnelles et utiles. Partagez votre parcours, vos nouveaux produits, des ressources intéressantes et des remerciements à vos clients. Vos e-mails ne doivent pas seulement vendre — ils doivent raconter une histoire. Demandez à ChatGPT de rédiger une série d'e-mails hebdomadaires qui créent une connexion tout en rappelant subtilement les bénéfices de vos produits.

Une autre stratégie avancée consiste à créer une personnalité de marque. Utilisez l'IA pour imaginer un personnage ou un archétype pour votre marque — quelqu'un de reconnaissable comme « La maman sans stress », « L'entrepreneur créatif du soir » ou « Le coach de croissance avec l'IA ». Ce personnage peut s'exprimer avec un ton cohérent dans vos publications, ce qui rend votre contenu plus humain et moins corporatif.

Enfin, utilisez votre marque comme tremplin pour des collaborations. Contactez d'autres créateurs, influenceurs ou vendeurs de produits numériques ayant des valeurs similaires et des audiences complémentaires. Utilisez ChatGPT pour rédiger vos messages de contact ou vos propositions de partenariat. Les collaborations — comme les packs communs, les webinaires coanimés ou les échanges entre communautés — peuvent élargir votre audience sans publicité payante.

Un produit sans visage et purement transactionnel peut générer des ventes. Mais une marque avec une personnalité, de la cohérence et une communauté en croissance crée un véritable capital. Elle devient quelque chose que les gens suivent, recommandent et auprès duquel ils achètent encore et encore. Grâce à l'IA, vous n'avez plus besoin de deviner — vous pouvez construire chaque élément de votre marque et de votre communauté avec clarté et rapidité. Le résultat est une plateforme puissante qui amplifie vos produits, votre message et vos revenus pendant des années.

L'histoire de l'entreprise en ligne d'Isabella

Isabella vendait depuis un an des journaux numériques de bien-être, des audios de méditation et des affirmations quotidiennes sur Etsy et Gumroad. Ses produits étaient apaisants, bien conçus et utiles — mais ses ventes étaient irrégulières. Elle n'avait pas de véritable marque, pas de liste d'e-mails et ne savait pas vraiment qui étaient ses clients. Chaque mois donnait l'impression de repartir de zéro.

Un jour, elle participa à un atelier gratuit intitulé « Du produit à la plateforme : construire une marque qui se développe seule ». L'intervenant dit une phrase qui resta gravée dans son esprit :

« Si personne ne se souvient de qui l'a créé, vous ne construisez pas une marque — vous vendez simplement des fichiers. »

Ce soir-là, Isabella ouvrit ChatGPT et écrivit :

« Aide-moi à construire une identité de marque pour mon activité de produits numériques de bien-être. »

En quelques secondes, elle obtint un profil complet :

Nom de marque : Calm & Clear
Slogan : Clarté, calme et découverte de soi en 10 minutes par jour
Ton : Doux, encourageant et bienveillant
Visuels : Couleurs naturelles, polices serif élégantes, images apaisantes

Cela lui sembla immédiatement juste. Elle ouvrit Canva et créa un logo minimaliste — un lever de soleil au-dessus d'un carnet. Elle modifia le nom de sa boutique Etsy, redessina les miniatures de ses produits et mit à jour sa page Gumroad. Tout semblait désormais cohérent.

Puis elle demanda à ChatGPT :

« Crée un plan de contenu Instagram de 30 jours pour Calm & Clear. »

Le résultat dépassa ses attentes : des idées quotidiennes de conseils de journaling, de rappels d'affirmations et d'habitudes de bien-être. Elle prépara une semaine de publications et les programma avec Metricool. En quelques jours, l'engagement augmenta. Les mentions « j'aime » doublèrent. Les commentaires commencèrent à apparaître. Des personnes la remerciaient pour ses rappels positifs.

Isabella décida de créer une communauté — un espace doux et accueillant où les gens pourraient partager leur parcours de développement personnel. Elle l'appela « The Calm Circle » et ouvrit un groupe Facebook gratuit. Elle utilisa ChatGPT pour écrire son message de bienvenue :

« Bienvenue dans The Calm Circle — un espace bienveillant pour ceux qui souhaitent vivre plus intentionnellement, écrire avec sens et se connecter avec des personnes partageant les mêmes valeurs. Que vous découvriez la pleine conscience ou que vous écriviez dans votre journal chaque jour, cet espace est le vôtre. »

Les membres commencèrent à rejoindre le groupe. Lentement au début. Puis de plus en plus. Ils partageaient leurs routines matinales, publiaient des captures d'écran de leurs journaux et remerciaient Isabella d'avoir créé quelque chose dont ils ignoraient avoir besoin. Elle était stupéfaite. « Je pensais qu'ils voulaient seulement télécharger mes produits », dit-elle à une amie. « En réalité, ils voulaient une connexion. »

Chaque semaine, elle envoyait un e-mail à ses nouveaux clients avec des messages écrits par ChatGPT mais qui semblaient très personnels. Son ton n'était jamais commercial. C'était comme écrire à un ami : « Voici quelque chose qui m'a aidée à ralentir cette semaine... » Les réponses étaient touchantes. Certains disaient même que ses e-mails étaient la meilleure partie de leur boîte de réception.

Elle lança ensuite un « thème du mois » — un nouveau produit ou thème de journal aligné avec la saison. Son audience adorait. Un mois était consacré à la clarté. Le suivant à la gratitude. Puis au repos. Elle utilisait ChatGPT pour créer les prompts, les affirmations et les designs, ce qui lui permettait de lancer régulièrement de nouveaux contenus.

Puis quelque chose d'important se produisit. Une autre créatrice dans le domaine du bien-être la contacta pour créer un pack commun. Ensemble, elles lancèrent le « Mindful Reset Pack » avec des méditations guidées, des réflexions quotidiennes et des planificateurs visuels. Il se vendit à plus de 300 exemplaires en trois semaines — grâce à la promotion croisée de leurs deux communautés. Isabella n'avait jamais connu une telle traction.

À mesure que son audience grandissait, son impact augmentait aussi. Elle ajouta un mur de témoignages sur son site, organisa des sessions de journaling en direct sur Zoom et lança même un podcast Calm & Clear en utilisant des plans générés par l'IA et des voix créées avec ElevenLabs. Sa voix entrait désormais dans les maisons de milliers de personnes, les aidant à ralentir et à se reconnecter.

En seulement six mois, Isabella passa du statut de vendeuse discrète de fichiers numériques à celui de fondatrice d'une marque de bien-être avec une communauté fidèle. Elle n'avait pas une énorme audience. Elle n'était pas devenue virale. Elle avait construit quelque chose de plus précieux — la confiance.

Et tout a commencé par une simple instruction :

« Aide-moi à construire une marque dont les gens se souviennent. »

Chapitre 10 : Maintenir des revenus passifs à long terme grâce à des systèmes evergreen et à l'intelligence artificielle

Gagner un revenu passif est une chose — le maintenir et le développer sur le long terme en est une autre. Trop de créateurs numériques connaissent des succès rapides au début mais ne mettent pas en place des systèmes durables. Le secret du succès à long terme est l'automatisation evergreen — créer des actifs, des tunnels de vente et du contenu qui continuent de générer des revenus pendant des mois, voire des années, avec peu ou pas de maintenance. Grâce à l'IA, vous pouvez construire ces systèmes plus rapidement que jamais et vous assurer que votre entreprise continue de travailler pour vous, même lorsque vous ne travaillez pas dessus.

Commençons par comprendre ce que signifie « evergreen ». Un système evergreen est conçu pour fonctionner automatiquement, rester pertinent toute l'année et convertir régulièrement des prospects froids en clients. Cela inclut des lead magnets evergreen, des séquences d'e-mails, des packs de produits et des tunnels de vente automatisés. Ces systèmes demandent un investissement initial en temps et en créativité, mais ils continuent ensuite de produire des résultats — vous permettant de vous concentrer sur la croissance, de nouvelles idées ou simplement de profiter de votre liberté de temps.

Commencez par identifier quels produits ou offres sont les plus intemporels. Ce sont des produits numériques qui résolvent des problèmes récurrents — comme la gestion du budget, la productivité, les conseils parentaux, les routines de bien-être ou l'éducation pour débutants. Évitez de dépendre uniquement de produits basés sur des tendances qui disparaissent rapidement. Une fois votre « produit evergreen principal » choisi, construisez un tunnel complet autour de celui-ci en utilisant des outils comme Systeme.io, ConvertKit ou Podia. Cela comprend une page de capture, un formulaire d'inscription, une page de remerciement, une offre tripwire et une séquence d'e-mails automatisée — tout cela pouvant être rédigé avec ChatGPT.

Demandez à ChatGPT de construire votre tunnel evergreen complet avec des instructions comme :

« Rédige une page d'inscription pour un lead magnet pour mon pack de planificateurs numériques »
« Crée une série d'e-mails evergreen de 7 jours pour nourrir des prospects froids et promouvoir mon toolkit de productivité »

« Suggère 3 produits tripwire pour mon cours sur les activités secondaires »

Vous pouvez également réutiliser du contenu evergreen pour attirer davantage de personnes vers votre système. Créez une bibliothèque d'articles de blog, de Reels Instagram, de vidéos YouTube ou d'épingles Pinterest qui renvoient vers votre tunnel. Utilisez ChatGPT pour transformer chaque contenu en 10 variations. Programmez ensuite leur publication hebdomadaire avec Metricool, Hypefury ou Buffer. Cela permet à votre système evergreen de rester actif et visible sans effort manuel.

Ensuite, maintenez votre revenu passif en automatisant le support et les retours clients. Configurez un chatbot avec Tidio, Crisp ou ManyChat pour répondre aux questions fréquentes, fournir des liens bonus ou envoyer des rappels d'achat. Utilisez ChatGPT pour écrire les scripts du chatbot. Puis créez une séquence demandant des avis : « Rédige un e-mail automatique demandant un témoignage 5 jours après l'achat. » Les avis positifs apportent une preuve sociale et attirent de nouveaux acheteurs.

Votre revenu evergreen dépend aussi de la constance du trafic. Mettez en place des publicités de reciblage à faible coût pour ramener les visiteurs vers votre tunnel. Utilisez Facebook Ads,

Google Display ou TikTok Ads pour montrer votre produit aux personnes qui ont visité votre page sans acheter. Ces campagnes sont faciles à automatiser et très rentables lorsqu'elles sont combinées avec un tunnel performant. ChatGPT peut écrire plusieurs versions de vos annonces avec des instructions comme : « Rédige 5 annonces de reciblage pour mon ebook sur la parentalité sans stress. »

Pour vous assurer que tout fonctionne correctement, mettez en place un processus de vérification mensuel. Une fois par mois, passez une à deux heures à analyser vos données : taux d'ouverture des e-mails, taux de conversion du tunnel, performances publicitaires et ventes. Demandez à l'IA : « Selon ces chiffres, où mon tunnel perd-il le plus de prospects ? » ou « Quels changements pourraient améliorer mon taux de conversion ? » Cette boucle de retour vous permet d'apporter de petites améliorations qui optimisent votre système au fil du temps.

Vous devriez également créer un calendrier pour rafraîchir votre contenu evergreen. Tous les trois à six mois, mettez à jour vos lead magnets, relisez vos e-mails ou ajoutez un bonus à votre produit principal. Cela permet à vos offres de rester actuelles tout en conservant leur automatisation. Vous pouvez même demander à ChatGPT : « Propose un plan trimestriel pour mettre à jour le contenu de mon tunnel evergreen. »

Enfin, souvenez-vous que le véritable revenu passif ne signifie pas abandonner votre entreprise. Cela signifie créer des systèmes qui vous permettent de prendre du recul, de vous reposer et de vous concentrer sur la créativité. Lorsque votre revenu ne dépend plus d'un effort quotidien, vous obtenez la liberté — le véritable retour sur investissement de la construction d'un business avec l'IA et l'automatisation. Les systèmes evergreen sont la base de cette liberté.

Comment Natalie a gagné 30 000 $ avec l'IA

Natalie avait accompli ce dont la plupart des créateurs numériques rêvent. Elle avait construit un petit empire de produits numériques — planificateurs, modèles, mini-cours et cahiers guidés — tous créés avec l'IA. Au cours de sa première année, elle avait gagné plus de 30 000 $. Mais au quatorzième mois, quelque chose avait changé. Ses revenus avaient baissé. Son contenu était dispersé. Elle avait l'impression de lancer constamment de nouveaux produits et de promouvoir sans cesse, tout en obtenant de moins en moins de résultats.

« Je suis coincée dans le mode hustle », se dit-elle.

Elle réalisa que, même si elle avait créé d'excellents produits, elle n'avait jamais vraiment construit de systèmes. Ses revenus dépendaient de nouveaux lancements et de publications constantes. Il était temps de changer — non pas d'abandonner, mais d'évoluer.

Cet après-midi-là, elle s'assit à la table de sa cuisine et écrivit en haut de son carnet : « Comment puis-je gagner de l'argent chaque jour sans être présente chaque jour ? »

Puis elle ouvrit ChatGPT et tapa :

« Aide-moi à construire un tunnel evergreen pour mon produit le plus vendu : The Mindful Productivity Toolkit. »

L'IA répondit avec un plan :

Lead magnet : Guide « Focus Reset » en 3 jours
Tripwire : Journal « Daily Momentum » à 7 $
Offre principale : Toolkit à 49 $
Séquence d'e-mails : 7 messages automatisés
Upsell optionnel : Pack audio de méditations de 30 minutes

Natalie fut stupéfaite. En moins de cinq minutes, elle avait un plan complet.

Elle créa immédiatement une nouvelle page de capture avec Systeme.io et téléversa le guide gratuit de trois jours. Elle utilisa Canva pour redessiner le PDF avec de nouvelles polices et de nouveaux visuels. Puis elle écrivit les e-mails avec l'aide de l'IA : personnels, bienveillants et subtilement persuasifs.

Chaque e-mail racontait une histoire — le jour où elle avait oublié sa liste de tâches, comment elle avait surmonté le stress, le pouvoir secret de l'écriture en silence. Elle ne faisait pas seulement la promotion de son produit ; elle créait une connexion. Tout cela avec l'aide de ChatGPT.

Ensuite, elle lança des publicités de reciblage. Elle avait toujours hésité à dépenser de l'argent en publicité, mais avec un tunnel efficace et un retour sur investissement clair, elle décida d'essayer. Avec un budget de 5 $ par jour, elle cibla les personnes ayant téléchargé le guide gratuit mais n'ayant pas acheté le toolkit complet. ChatGPT l'aida à écrire six versions différentes de l'annonce. Elle lança la campagne et la laissa tourner.

Pour la première fois depuis des mois, Natalie ne se réveillait plus en se demandant quoi publier. À la place, elle ouvrait son tableau de bord et voyait :

4 nouveaux prospects
2 nouvelles ventes
1 nouvel avis laissé par un client satisfait

Et tout cela avant même le petit-déjeuner.

Elle continua d'optimiser. Chaque mois, elle consacrait un dimanche à analyser son tunnel. Elle modifiait un e-mail, améliorait le titre du tripwire, ajoutait un bonus à l'upsell. Ces petits ajustements prenaient moins d'une heure, mais chacun augmentait ses revenus.

En trois mois, son tunnel evergreen générait 1 500 $ par mois — complètement passivement. Elle utilisa ce temps libre pour créer un nouveau cours evergreen. Puis un autre toolkit. À la fin de l'année, elle avait trois tunnels evergreen en fonctionnement — tous alimentés par l'IA, tous automatisés et tous générant des revenus constants.

Natalie voyageait davantage. Prenait des week-ends libres. Travaillait sur des projets créatifs qu'elle avait abandonnés. Sa marque ne disparut pas — elle prospéra. Les gens la découvraient grâce à ses guides gratuits, suivaient ses e-mails inspirants et rejoignaient sa communauté sans qu'elle ait à intervenir la plupart du temps.

Elle ne se considérait plus comme une simple vendeuse de produits numériques. Elle était une créatrice de systèmes. Une architecte de revenus evergreen.

Et tout a commencé par une seule question :

« Comment puis-je gagner pendant que je me repose ? »

L'IA lui donna la réponse. Les systèmes evergreen lui donnèrent la liberté. Et ensemble, ils lui offrirent une entreprise conçue pour durer.

Mot de la fin

Félicitations. Vous venez de terminer un guide complet pour construire un revenu passif durable grâce à l'intelligence artificielle – sans compétences techniques, sans grande équipe et sans investissement initial important.

Ce que vous avez appris n'est pas de la théorie – c'est un plan concret applicable dans le monde réel. Vous disposez maintenant de tout ce dont vous avez besoin pour :

Choisir et valider des produits numériques
Créer des ebooks, des modèles et des cours en utilisant l'IA
Regrouper et packager des produits pour augmenter les ventes
Construire des tunnels evergreen qui fonctionnent 24h/24 et 7j/7
Automatiser le suivi, le marketing et le support
Développer votre marque et votre communauté
Réinvestir vos profits dans des systèmes évolutifs
Conserver votre liberté pendant que votre entreprise numérique travaille pour vous

Chaque système décrit dans ce livre est déjà utilisé par des créateurs ordinaires – des personnes comme vous – qui ont décidé d'arrêter d'échanger leur temps contre de l'argent et de commencer à construire des actifs qui les rémunèrent pour toujours.

Vous n'avez pas besoin de tout maîtriser immédiatement. Vous devez simplement commencer. Un produit. Un tunnel. Un système automatisé. Laissez cette première réussite se transformer en la suivante.

L'intelligence artificielle n'est pas une menace — c'est votre partenaire d'affaires. Et maintenant, vous savez comment l'utiliser pour créer de l'impact, de la liberté et un revenu durable.

www.ingramcontent.com/pod-product-compliance
Lightning Source LLC
LaVergne TN
LVHW010836051026
849532LV00007B/2729